빛깔있는 책들 ●●●
278

국 궁

글 | 황시열   사진 | 김형탁 · 조성진

ⓒ 국립중앙박물관

대원사

국궁

저자 소개

글 | 황시열

(현)안산반월정(국궁장) 사범
대한궁도협회 공인 9단
(현)경기도 궁도협회 연구이사
(현)서울외국어고등학교 궁도부 지도
2012년 과학기술부 · 문화체육관광부 명예체육교사 위촉

사진 | 김형탁

전 양궁 국가대표 감독
신궁 김진호, 김경욱 등 많은 양궁 선수 배출
(현)김형탁 양궁 훈련원 운영, 국내 및 외국 선수들 지도

사진 | 조성진

(현)안산디자인문화고등학교 교사
경기 교사 사진동호회 〈빛그림〉 회원
〈빛그림〉 사진전시회 활동
안산디자인문화고등학교 국궁 지도교사

일부 사진 제공 | 국립중앙박물관 · 국립민속박물관 ·
　　　　　　　　육군박물관 · (주)대원사 · 김남석

차 례

우리 민족을 대표하는 전통 무예 국궁

선사시대로부터 오늘에 이르기까지 계승되어 오고 있는 전통적 도구 가운데 하나가 '활'이다. 활은 처음에는 생계를 위한 필수 수렵 도구로부터 시작하였으나 점점 발전을 거듭하여 외적이 침입하였을 때는 민족을 지켜 온 중요한 전쟁 무기로 사용하였다. 또 평상시에는 신체를 단련하고 덕과 예를 닦는 수련 도구로 이용되어 왔다.

국궁은 우리 민족을 대표하는 전통 무예 중 하나로, 우리 조상들은 활쏘기를 통하여 충효와 덕행을 익히고 예절과 법도를 체득해 왔다. 우리 활 '궁도'는 예부터 우리 민족에게 가장 대중화된 무예(武藝)였고, 역대 왕조의 임금과 문무백관이 즐겨 왔으며, 양반의 자제가 반드시 익혀야 할 필수 과목이었다. 우리 조상들은 활을 통해 심신 단련과 장부로서의 호연지기(浩然之氣)를 길러 왔다. 게다가 우리 활은 세계에서 가장 우수한 것으로 정평이 나 있다.

이런 점에서 볼 때, 국궁은 우리 민족의 강인한 무예 정신과 고도의 정신세계를 보여 주는 진정한 전통문화라고 할 수 있다. 오늘날까지 활쏘기는 반만년 우리 민족의 역사와 함께 면면히 전승되어 왔으며, 지금 이 순간에도 전국의 사정에서 많은 궁사들이 시위를 당기고 있을 것이다.

국궁은 근래 들어 남녀노소 누구나 즐길 수 있는 대중적인 스포츠 문화로 자리 잡아가고 있다. 특히 최근에는 누구나 다루기 쉽도록 제작된 개량궁이 개발되어 동호인 수가 급속도로 증가 추세에 있다. 각 지역별로 축제 행사가 있는 곳이면 의례적으로 국궁대회를 개최하여 최근에는 연간 50여 회의 전국대회가 성황리에 개최되면서 전국 궁사들이 한자리에 모이는 잔치가 열리고 있다.

또한 세계궁도대회가 각 나라의 특색에 맞게 여러 나라에서 개최되고 있다. '민속궁'이라는 이름으로 다른 나라에서도 궁도 인구가 점차 늘어나고 있는 추세이며, 세계 궁도인들의 모임과 교류도 늘어나고 있다.

예로부터 중국은 창을 잘 쓰고 일본은 칼을 잘 쓴다면, 우리나라는 활을 잘 다루는 민족으로 정평이 나 있다. 각종 세계대회에서 우리나라 양궁이 세계 정상을 누리고 있는 것도 이와 무관치는 않을 것이다.

우리는 우리의 전통문화로서의 국궁을 계승 발전시킴은 물론, 대중화된 스포츠로서 심신 단련을 통해 국민들의 건강한 삶과 삶의 질 향상을 위해 널리 보급시켜야 할 것이다.

쌍영총 벽화 ⓒ 국립중앙박물관

활의 기원

활은 선사시대부터 인류의 삶과 함께 발전해 온 무기로, 동물의 사냥과 전쟁에 널리 사용되었다. 탄력을 이용한 활과 화살은 무기로서 먼 거리의 동물이나 적을 효과적으로 제압할 수 있었다.

활과 화살이 언제부터 발명되어 사용되었는지는 확실치 않다. G. 차일드는 『문명의 기원』에서 인류가 투창이나 활을 사용한 것은 구석기 시대 말엽인 1~3만 년 전일 것으로 추정했다. 하지만 일부 학자들은 약 10만 년 전부터 인류가 활을 사용했다고 주장한다.

활과 화살의 발명은 인류 문화를 크게 향상시켰다. 불의 발견이나 언어

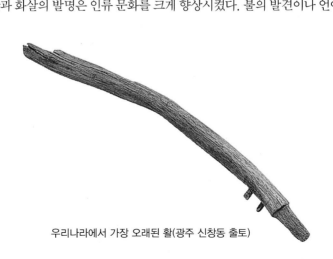

우리나라에서 가장 오래된 활(광주 신창동 출토)

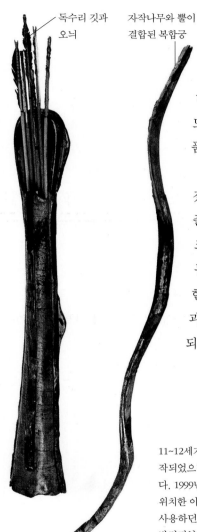

독수리 깃과
오늬

자작나무와 뿔이
결합된 복합궁

의 발달과 함께 활은 인류의 생존과 번영에 커다란 기여를 했다. 활에 의해 사냥 기술이 비약적으로 발달하였고, 수렵뿐만 아니라 고대 인류의 전투 무기로서도 활은 없어서는 안 될 중요 필수품이었다.

활은 나무를 주재료로 만들어졌고, 활이 발달되면서 동물의 힘줄[腱] 등 부재료를 더해 탄력을 크게 향상시켰다. 따라서 나무·동물의 힘줄·뿔을 합쳐 더욱 강한 활을 만들었고, 현대에는 카본과 같은 신소재로 만든 활이 양산되고 있다.

몽골 군의 화살통 · 화살 · 활
11~12세기, 자작나무 껍질 · 나무 · 가죽 · 철로 제작되었으며, 길이는 117cm(활), 78~81cm(화살)이다. 1999년 바양헝거르 아이막 붐부구르 솜 지역에 위치한 아르자트 뗄 유적 동굴 매장에서 몽골 군이 사용하던 화살통 · 화살 · 활이 잘 보존된 상태로 발견되었다.

한국 활의 역사

한국 활의 기원

역사를 돌이켜 보면 우리 민족은 지리적 여건으로 인해 수많은 외침을 겪었으며, 조상들은 언제나 전쟁을 치러야 했다. 국가에서는 국민의 심신단련(心身鍛鍊) 및 호국정신(護國精神)의 기풍을 진작시키기 위해 활을 장려하였고, 활과 화살의 발달을 꾀하여 그 종류도 다양했다.

한국 활의 기원은 최초 구석기시대까지 거슬러 올라가며, 한반도와 만주 각지에서 한국형 돌살촉이 발견되고 있다. 한국 활의 역사적 기록에 의하면 대략 고조선의 건국 시기부터 사용된 것으로 보인다.

청동기시대의 돌화살촉

중국 서진(西晉)시대 진수(陳壽, 233~297)가 편찬한 『삼국지』 위지 동이전에 한민족은 활쏘기에 뛰어났다고 했으니, 국궁의 공식적 원류는 기원전 1세기경까지 거슬러 올라간다. 동북아 지역에서 한민족은 '동이족'이라 불렸는데, 이것은 '동쪽의 활을 잘 쏘는 민족(夷→大弓)'이라는 뜻이다.

부족국가시대의 기록에는 예(濊)의 '단궁(檀弓)'과 고구려의 '맥궁(貊弓)'이 유명하였다. 고구려의 맥궁은 각궁(角弓)으로, 222년(고구려 산상왕 26)부터 사용한 기록이 있고, 신라에서도 558년(진흥왕 19) '신득(身得)'이라는 사람이 '포궁(砲弓)'을 제작하였다는 기록이 있다. 특히 고구려는 광대싸리나무로 만든 화살 '호시(楛矢)'가 유명한데, 그 성능이 매우 뛰어났다.

한국 활은 사냥 도구 외에 전쟁 시 유용한 무기로 사용되어 활로써 많은 외침을 물리쳤다. 또한 활은 무술로서 심신을 단련하였고, 민족의 문화와 놀이로 계승 발전되었다.

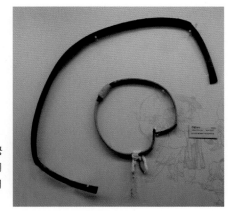

노궁과 각궁
각궁은 소나 양의 뿔로 장식한 활이며, 노궁은 일종의 의장용 무기로서 '예궁'이라고도 했다.

고구려 무용총의 수렵도

백제 비류왕 때, 왕은 백성과 함께 매월 초하루와 보름에 활쏘기 대회를 하였다. 신라시대에는 한가위에 왕실 주최로 활쏘기를 하였고, 화랑도 정신 함양에도 활쏘기는 중요시되었다. 조선시대의 궁중 놀이인 '투호(投壺)'는 통에 화살을 던져 넣는 놀이로, 궁중이나 고관들의 오락거리로 행해졌다. 『동국세시기』에는 활을 쏘는 것으로 예의를 함양하였는데, 이때의 활쏘기를 '향사(鄕射)'라고 이름하였다. 임진왜란 당시 왜는 신식 무기인 조총으로 무장하여 조선을 침입하였다. 이때 조선군이 왜의 조총에 맞서 싸운 무기가 바로 '활'이다. 장수들은 수시로 활쏘기를 하였으며, 병사들은 훈련의 하나로 활쏘기를 하며 전쟁에 대비하였다. 이순신 장군이 쓴 『난중일기』에 보면 시

한산대첩 기록화

간이 날 때마다 활을 쏘았다는 내용이 나온다. 이처럼 활은 전쟁 시에는 나라를 지키는 무기로, 평상시에는 몸과 마음을 다스리는 정신수양의 하나로 쓰였다.

근대의 한국 활

한민족의 전통문화 유산인 활과 화살은 임진왜란 이후 화약류의 신무기 등장으로 인해 그 중요성이 크게 약화되었다. 한편, 근대 조선의 병과체제는 무과시(武科試)에 사용했던 활터를 폐쇄함으로써 활은 한량들의 소일거리가 되었다. 그러나 1899년, 독일 황태자 하인리히(Prinz Heinrich von Preussen)의 방문을 계기로 고종 황제는 다시

국궁 전통 사법(자료 출처 : 국가기록원)

활쏘기 대회(자료 출처 : 국립민속박물관)

궁술을 장려하라는 칙령을 선포하였다.

1922년, 일제는 경희궁과 더불어 황학정을 비롯한 활터를 폐쇄 조치하였다. 그러나 일제 강점기에도 국궁 단체가 생겨나 일본의 한민족 문화말살정책에 항거하였고, 『조선의 궁술(1929)』 발간을 비롯해 국궁을 지키려는 노력이 끊임없이 시도되었다. 1920년대부터 동아일보사 등이 궁술대회를 개최하였고, 1922년 〈대한궁도협회〉의 모체로 볼 수 있는 〈조선궁술연구회〉가 발족, 1932년에는 제1회 〈조선궁술연구회〉 주최로 전 조선궁술대회가 열렸다. 일제 강점기 때는 각궁의 수요가 많지 않았지만 각궁과 한민족 활쏘기를 지키고자 하는 한량들의 의지에 의해 궁시 제작자들은 각궁 만들기를 포기하지 않았다. 이러한 노력이 없었다면, 한민족의 전통문화유산인 국궁은 사라졌을 것이다. 국궁은 역사적으로 우리 민족의 정체성을 상징하는 대표적인 전통 무예로, 활과 우리의 민족사는 밀접한 관련이 있다.

현대의 국궁은 스포츠로 거듭나 여전히 계승되고 있다. 각궁과 죽시를 비롯해 국궁 문화의 전반적인 분야를 보존하는 것은, 선조들이 지켜 온 민족문화를 이어 가는 중요한 일이다.

'등과정(登科亭)' 표지석 조선시대 때 인왕산 아래 서촌에 있던 '등과정'은 무사들의 궁술 연습장이었다.

활의 종류와 구조

재료와 형태에 따른 활의 종류

활은 재료와 형태에 따라 종류가 다양하다.

재료에 의한 분류를 기준으로 살펴보면, 철궁(鐵弓)은 철재로 만든 활로 전시에 사용되었고, 단궁(檀弓)은 박달나무로 만든 것으로, 주로 수렵에 사용되었다. 가장 많이 사용된 죽궁(竹弓)은 대나무를 재료로 만든 활로, 궁중연락(宮中宴樂)과 전시·수렵용으로 사용되었다. 우리말로 '벙테기 활'은 바로 죽궁을 가리킨다. 철태궁(鐵胎弓)은 각궁과 비슷하지만 간(幹)을 철재로 만들었고, 목궁(木弓)은 '호궁(弧弓)'이라고도 하는데, 활고자는 뽕나무로, 활채는 광대싸리로 만들었다. 호궁은 제작이 단순하고 저렴하지만 각궁에 비해 성능이 떨어져 일반 병사용이나 보조 활로 사용되었다.

재료의 접합에 따라 나누면 활은 단순궁과 복합궁으로 분류된다. 재료가 한 가지 이내인 것은 '단순궁', 여러 가지 재료를 혼합한 것은 '복합궁'이다. 복합궁의 대표적인 활은 한국의 각궁으로, 물소 뿔·쇠심줄·뽕나무, 대나무 등 다양한 재료를 사용한다.

크기를 기준으로 분류할 때 고궁, 일명 '동개활'은 활과 화살을 가죽주머니에 넣어 휴대하는 작은 활로서 수렵에 사용되었다. 정량궁(正兩弓)은 큰 활로, 과거시험에는 약 5자 5치(167㎝)의 길이로 썼다. 예궁(禮弓)은 '대궁(大弓)'이라고도 하며, 길이는 6자(182㎝) 정도이고, 궁중의 행사나 향음주례(鄕飮酒禮)에 사용되었다.

활의 또 다른 형태는 기계활로, 신라(진흥왕 19) 때 신득이 발명한 '포궁(砲弓)'은 성 위에 설치하거나 수레에 실었던 큰 활이며, '구궁노(九弓弩)'는 일시에 많은 화살을 발사할 수 있는 전쟁 활이다.

여러 가지 활

신기전

복합궁
몽골 칭기즈칸 군대의 활과 화살

쇠뇌

수노기

예궁

노궁

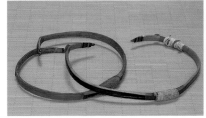

죽궁(竹弓)

동궁

각궁

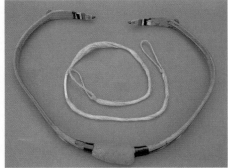

호미각궁

각궁과 개량궁

한국에 전해지는 전통 활은 '각궁(角弓)'이다. 각궁의 소재는 물소
뿔, 산뽕나무, 소 힘줄, 민어 부레풀, 참나무, 대나무, 화피, 자작나무
껍질 등을 사용해 제작된다. 각궁은 '만곡궁(彎曲弓)'으로, 길이가 짧
고 가볍다. 이 활은 세계의 활 가운데 비거리(飛距離)가 가장 길어 세
계 민족궁 중 가장 우수한 것으로 꼽힌다.

1970년대 중반부터는 탄소섬유 등 현대적 소재를 응용한 신소재
궁(개량궁)이 양산되기 시작하였다. 현재, 개량궁도 개발되어 각궁에
근접한 형태가 생산되고 있다. 개량궁은 각궁보다 10cm 이상 길고,
충격 흡수가 각궁처럼 유연하지 않은 단점이 있다.

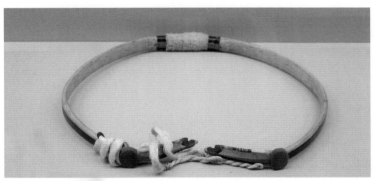

각궁

개량궁

각궁의 구조와 부위별 명칭

줌

손으로 활을 쥐는 부분이다. 줌의 길이와 둘레는 집궁자의 손 크기에 따라 달라진다.

오금

오금은 활 가운데 왕복의 변화가 가장 심한 부위이다.

고자

활의 현이 걸리는 부분이다.

삼삼이

고자로부터 한 뼘 정도 떨어진 곳이다.

도고지

활의 현이 활의 중심에서 벗어나는 것을 막기 위한 부속이다.

시위

활에 화살을 끼워 잡아당기는 줄이다.

절피

활의 현 가운데 화살의 오니를 걸치는 부분이다.

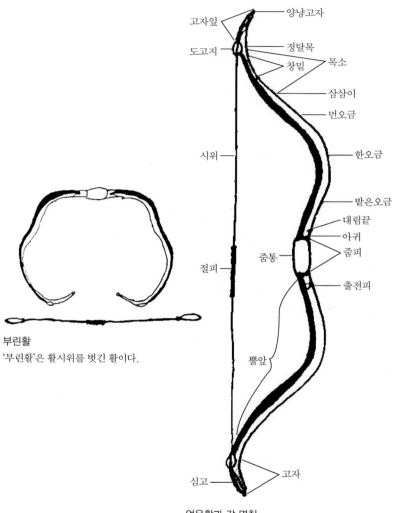

고자잎
양냥고자
도고지
정탈목
창밑
목소
삼삼이
먼오금
한오금
시위
밭은오금
대림끝
아귀
줌통
줌피
절피
출전피

뿔앞

심고
고자

부린활
'부린활'은 활시위를 벗긴 활이다.

얹은활과 각 명칭
'얹은활'은 시위를 걸어 놓은 활이다.

각궁의 제작

각궁은 '살아 있는 활'이라고 한다. 이는 각궁을 만드는 데 필요한 재료인 물소 뿔, 대나무, 쇠심줄, 뽕나무, 참나무, 부레풀, 화피 등이 모두 동·식물성으로서 모든 재료들이 잘 어우러져 마치 하나의 생명체처럼 유연하면서도 강한 탄력을 발휘하기 때문이다.

각궁은 모든 재료들이 준비된 상태에서 대략 1년에 걸쳐 제작되는데, 여름에는 주로 재료들을 장만하여 쓰임에 맞게 다듬어 놓고, 찬바람이 부는 가을부터 본격적인 접착 작업에 들어간다. 이듬해 4, 5월 경에 활의 모양을 내는 해궁 작업이 끝나야 활 한 장이 완성된다.

각궁의 재료와 준비

물소 뿔〔水牛角〕

각궁의 재료 가운데 가장 중요한 재료는 뿔이다. 과거에는 황소 뿔이 주재료였으나 길이가 긴 물소 뿔이 수입되기 시작하여 오늘에 이르고 있다. 뿔은 조직이 치밀한 것이 좋은데, 너무 강한 뿔은 탄력이 큰 대신에 부러지기 쉬우므로 무른 뿔이 보존성은 더 좋다고 할 수

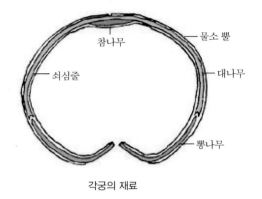

각궁의 재료

있다. 조직이 치밀한 흰 무늬가 있는 '인각(人角)', 하얀 뿔인 '백각(白角)', 투명한 뿔인 '투각(透角)' 등 다양한 재료가 있다.

물소 뿔은 활의 바깥 부분에 붙이는 것으로, 탄성이 강해 활의 강도가 장기간 지속되도록 버티어 주며, 활 쏘는 사람에 따라 강약을 조절할 수 있어 제궁에 있어 필수적인 재료이다. 주로 여름철에 뿔을 켜서 준비하는데, 불에 달구어 휘어진 곳을 바로잡는다.

쇠심줄(腱)

심은 황소의 등에서 추출한다. 소의 척추에서 빼내어 지방을 모두 제거하고 실처럼 곱게 찢어 준비한 후, 민어 부레풀을 먹여 사용한다. 보통 활 한 장을 만드는 데 한 등 반 정도의 쇠심줄이 들어간다. 뿔이 활의 뻗치는 힘을 지지한다면, 심은 활 반대쪽에 붙여 활의 수축력을 지지하는 작용을 한다. 쇠심줄은 활의 안쪽에 접착시키는데, 활의 성능을 좌우하는 가장 중요한 역할을 한다.

부레풀(魚膠)

활의 접착 재료는 민어 부레를 고은 부레풀이다. 각궁의 최고 비밀은 바로 민어 부레풀에 있다고 해도 과언이 아니다. 활 제작 전반에 쓰이는 접착제로 접착력이 매우 우수하며, 유연성을 겸비한 각궁 제작에 있어 최적의 접착제라 할 수 있다. 민어 부레풀은 열을 쪼이면 유연해지고 식으면 열에 의해 변형된 형태를 지속한다. 그러나 습기를 잘 흡수하는 단점이 있다. 그러므로 민어의 공기주머니인 부레의 지방질을 제거하고 잘 말려 놓았다가 끓여서 사용한다.

대나무(竹)

대나무는 활의 중심에 위치하며, 섬유질이 풍부한 것이 좋은 대이다. 과거에는 지리산과 담양의 왕대를 사용하였다. 대나무, 뽕나무, 참나무는 3~4년 전에 미리 쓰임에 맞게 휘어 놓아 완전히 건조된 상태의 것을 사용한다.

뽕나무(弓幹桑)

산뽕나무를 쓰는데, 활채의 양쪽 끝 고자 부분에 사용된다. 재질이 질기면서도 탄력이 좋아 예로부터 '궁간상'이라 하여 활을 만드는 데 많이 쓰였다. 요즘에는 주로 아카시아나무를 많이 사용한다.

담양의 왕대나무

참나무〔橡〕

활의 손잡이 부분인 대림목에 쓰이는데, 가볍고 단단한 굴참나무가 쓰인다.

화피〔樺皮〕

벗나무 껍질로, 활의 심줄 표면에 붙인다. 활의 심줄을 습기와 열로부터 보호하기 위해 사용되는 것으로, 화피는 통기성과 내수성이 좋아 심줄이 상하는 것을 보호하며, 신축성이 좋아 휘어짐이 많은 활의 마감재로서 훌륭한 재료이다. 그 외에 가죽, 삼베, 실, 밀(密), 자작나무 껍질 등의 재료들이 사용된다.

각궁의 제작 과정

먼저 미리 휘어 놓은 뿔, 대나무, 뽕나무, 참나무 등의 재료들을 궁척 상목자와 같은 각종 자를 사용해 쓰임에 맞게 재단하고 접착 작업에 들어간다.

연소하기

대나무와 뽕나무를 연결하는 작업으로, 뽕나무와 대나무를 제비추리 모양과 노루발 모양으로 V자로 켜낸 후 부레풀로 붙인다. 완전히 굳은 뒤 뿔이 붙는 부분에 사련칼을 통해 사련을 치는데, 이것은 재료 표면에 작은 홈을 내어 풀이 잘 스며들게 하여 접착력을 높이려는 것이다.

부각 풀결음

연소 후 사련 친 활채와 뿔·참나무의 표면에 풀칠을 하는 작업으로, 얇게 여러 번 바를수록 좋다. 보통 14~16회 정도 바르면 풀살이 올라 부각하기에 적당한 상태가 된다.

부각(付角)

연소해 놓은 활채에 뿔을 붙이는 작업이다. 활의 전체적인 틀을 잡아 주는 뒤짐을 안쪽에 대고 풀결음이 되어 있는 뿔과 활채를 불에 달군 후 물을 발라 조막손과 삼바(밧줄)를 이용해 단단히 밀착시켜 붙인다. 양쪽 뿔을 붙인 후 대림목(참나무)도 부각 작업과 같은 방식으로 활의 손잡이 부분에 붙인다.

뒤깎기

뒤깎기 작업은 부각 후 심놓이를 하기 위해 활의 안쪽을 다듬는 것으로, 활의 골격을 만드는 매우 중요한 공정이다. 우선 자귀를 사용해 대략적인 모양을 잡고 활폭자와 환을 이용해 활의 폭이나 두께를 알맞게 만드는 과정으로, 장인의 섬세한 감각이 요구되는 작업이다.

뒤조름

활의 안쪽에 심을 놓을 수 있도록 풀칠을 하는 것으로, 부각 풀결음과 같은 방법으로 한다.

심놓이

심놓이는 풀칠된 활의 안쪽에 쇠심줄을 붙이는 작업인데, 이를 위해서는 우선 실처럼 곱게 찢은 쇠심줄에 부레풀을 잘 섞어 적당한 길이로 만들어 놓아야 한다. 이를 '심풀들이기'라 한다. 심풀 들인 심을 활채 양쪽에 고루 펴서 붙이는데, 초벌에서 막벌까지 대략 여섯 차례에 걸쳐 작업하게 된다.

건조 및 점화(點火)

심놓이가 끝나면 방 안에서 한 달 정도 자연 건조시키고, 건조가 끝나면 점화장에 넣어 점화를 시킨다. 활이 완전히 건조되지 않으면 해궁할 때 활의 탄력이 떨어지고 활채가 뒤틀릴 수 있다.

해궁(解弓)

해궁은 활의 균형을 잡는 것으로, 활에 생명을 불어넣는 것이라 할 수 있다. 처음으로 활에 시위를 걸어 보는 과정이기도 하다. 환으로 뿔을 깎아 좌우 균형을 맞추고, 활의 모양을 잡는다. 해궁은 한 번에 끝내지 않고 점화를 시켜가며 3~4번 정도 하는데, 해궁이 끝나면 이미 활의 기능은 모두 갖추었다고 할 수 있다.

화피 단장

해궁이 끝난 활에 화피와 가죽 등으로 단장을 하는 것이다. 화피 단장, 서피 싸기, 칠지 단장, 도고자 붙이기, 줌 만들기 등의 마무리 작업이다.

각궁 올리기와 관리

활은 점화장에서 꺼낸 다음 충분히 식힌 후 얹어야 한다. 활을 얹을 때 가능하면 도지개를 사용하는 것을 권장한다. 궁창과 도지개를 사용하면 초보자들도 훨씬 쉽게 안정적으로 활을 얹을 수 있고, 약간 틀어진 활이라도 활을 얹는 과정에서 모양을 바로잡을 수 있다. 처음에 도지개 사용하는 것이 약간 귀찮을 수 있지만 활의 수명을 늘리는 좋은 방법이므로 사용을 권장한다.

활을 올리는 연장

뒤짐
활의 둥근 형태를 지지하는 것으로, 쇠나 나무로 만들어진다.

도지개
활을 올릴 때 부린활을 펴 주는 연장이다. 초보자는 반드시 도지개를 사용하여 활을 올려 주어야 한다.

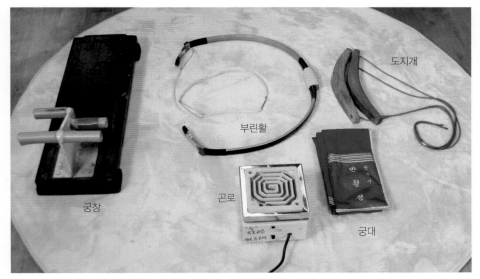

도지개

부린활

궁창

곤로

궁대

활 올리는 연장들

궁창

　활을 올리거나 형태를 바로잡는 데 쓰는 나무틀이다. 최근에는 쇠로 만들기도 한다.

각궁 올리는 순서

1) 활을 올릴 때는 활의 심 부분이 상하지 않도록 방석이나 담요 등을 깔고 주변을 깨끗이 유지해야 한다. 활을 올릴 때 타인과 대화를 하거나 전화를 받는 등 산만해서는 안 된다.

궁방의 시설

2) 점화장에서 바로 꺼낸 활을 완전히 식힌 다음, 발로 펴서 풀어 준다.

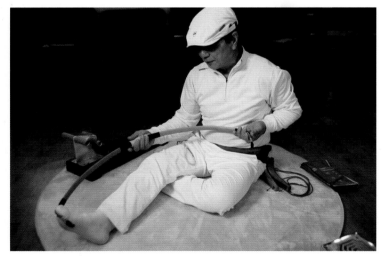

활 올리기 직전 활을 펴 주는 모습

3) 도지개는 반드시 고자 쪽부터 시작한다. 왜냐하면 각궁을 얹을 때
   는 항상 약한 곳을 기준으로 하기 때문이다.

궁창을 이용할
도지개 채우기

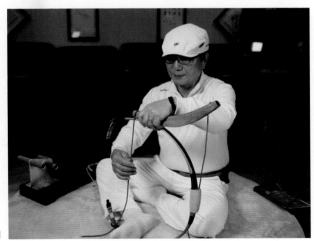

도지개 감기 1

도지개 감기 2

도지개 감기 3

도지개 감기 4

4) 활을 올릴 때는 도지개로 형태를 만든 다음, 궁창을 이용해 시위를 거는 방법과 무릎을 이용해 시위를 거는 방법 등 두 가지가 있다. 초보자나 숙련자 상관없이 가급적이면 궁창을 이용해 활을 올리는 것이 활의 바른 모양을 유지하는 데 도움이 된다. 무릎을 이용해 활을 올리는 것은 숙련된 경우에만 응용한다.

궁창을 이용할
도지개 얹기 1

궁창을 이용할
도지개 얹기 2

궁창을 이용할
도지개 얹기 3

궁창을 이용할
도지개 얹기 4

도지개를 얹어
줄 매기

도지개
매듭 모양 1

도지개
매듭 모양 2

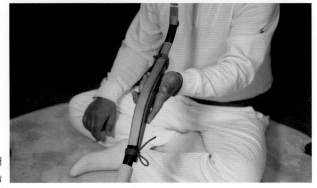

도지개
채운 모습

5) 활의 윗장 고자에 걸린 현을 평상시 사용하던 형태로 오른쪽 허벅
지 위에 가지런히 놓는다(현을 입에 물거나 귀에 거는 방법을 사용하
기도 한다.). 왼손이 활의 윗장에 위치한 고자 부위를 잡듯이 오른손
또한 하장의 고자 부분을 왼손의 모양새와 같이 오른손의 엄지가
고자를 누르는 모양새로 활과 일직선이 되도록 한다.

현 걸기 1

현 걸기 2

현 걸기 3

현 걸기 4

현 걸기 5

6) 도지개 풀기

도지개 풀기 1

도지개 풀기 2

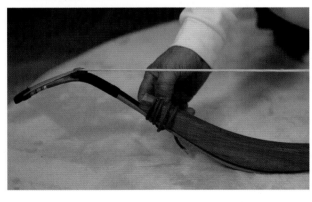

도지개 풀기 3

도지개 풀기 4

도지개 풀기 5

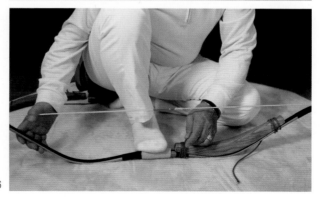

도지개 풀기 6

7) 현과 줌통의 중심선이 일치했는지 확인한다.

현과 줌의
위치 점검

8) 사진과 같이 양 부분에 충분하게 불을 보여야 한다(약 2∼3초로 양
   쪽을 번갈아 고루 보이도록 한다.). 등심 부분은 열에 약하기 때문에
   불을 강하게 보일 때는 뿔 쪽으로 보이는 것이 바람직하다.

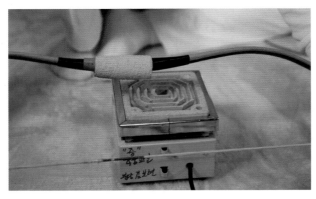

줌 불 보이기 1

줌 불 보이기 2

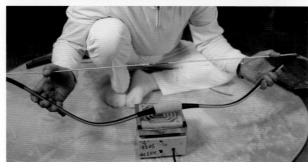

줌 불 보이기 3

9) 줌통 부위를 사진에서와 같이 발로 밟아 주면서 삼삼이 부분을 잡은 양손을 들어 준다.

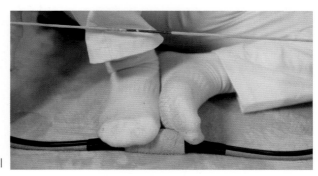

줌 내리기

10) 시위를 얹은 활은 목소를 꽉 잡고 줌통, 고자, 삼삼이, 오금의 순서
    로 밟아 준다. 민어 부레풀의 특성상 불을 보인 부분만 변형이 일어나
    므로 밟을 부분에 정확하게 불을 쪼여 활 모양을 만들어 준다.

목소 불
보이기 1

목소 불
보이기 2

목소 밟기

11) 활에 불을 보일 때는 항상 강한 곳부터 밟고자 하는 곳에만 불을 보인다. 불을 보이면 뿔과 민어 부레풀, 쇠심줄에 신축성이 생기므로 오금 부분은 약간의 온열을 준 뒤 사진과 같이 부드럽게 풀어 준다.

오금 불 보이기

오금 풀어 주기 1

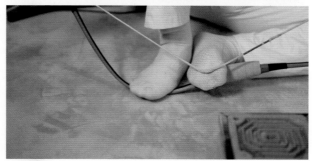

오금 풀어 주기 2

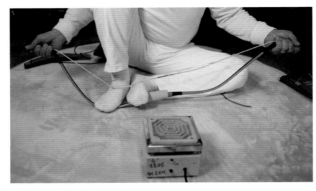

오금 풀어 주기 3

12) 양쪽 오금 부위의 현과 활 사이가 똑같으면 다 얹은 활이다.

아래위
현 간격 보기

13) 삼지는 일명 '보궁'이라고도 한다. 이는 활의 양쪽 중심을 잡아 주기도 하지만 활의 뒤틀림도 방지하므로 매우 중요하다.

삼지 채우기

14) 활을 다 올린 다음에는 삼지나 궁대를 이용해 고정시킨다.

궁대 매기 1

궁대 매기 2

궁대 매기 3

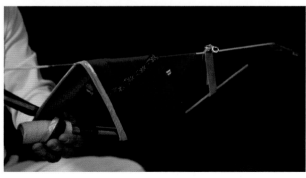

궁대 매기 4

15) 활이 완전히 식으면 궁대나 삼지를 풀어 2~3회 당긴 후 현이 고지
　에 바로 떨어지는지를 확인한다.

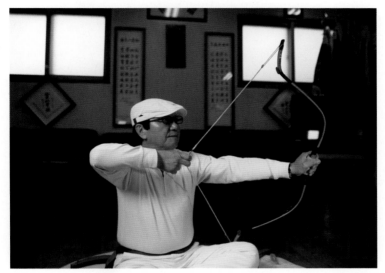

아래위 고지가 잘 떨어지는지 확인한다.

각궁의 관리

활이 뒤집히는 경우

　활을 올리거나 발시하는 과정에서 뒤집히면 활 내부의 적지 않은
충격으로 수명이 단축된다. 때문에 뒤집어지지 않도록 처음부터 충
분하게 정확히 활을 밟아 준다.

새 활의 관리

활을 관리하는 데 있어서 중요한 것 중 하나가 새로 구입한 활의 관리이다. 각궁은 재료나 제작 공정의 특성상 완성 후에도 지속적으로 관리를 잘 해 주어야 최상의 상태를 유지할 수 있게 되는데, 특히 완성 후 몇 달간의 관리가 활의 기능이나 수명에 많은 영향을 끼치게 된다.

우선 가장 조심해야 할 것은 새 활을 기존에 사용하는 활처럼 무리하게 사용하는 경우로, 구입하자마자 하루에 열 순 이상씩 사용하는 경우를 종종 보게 된다. 이렇게 되면 활의 탄력이 쉽게 떨어지게 되고, 활의 수명도 짧아지게 된다. 나중에는 시위를 풀었을 때 사립이 잘 가지 않는 상태, 즉 활이 제자리로 충분히 오그라들지 않고 뻗어 있는 상태가 되기 쉽다.

처음 구입한 각궁은 자연 재료의 복원력 때문에 활의 모양이 변형된다. 각궁은 끊임없이 모양을 잡아 주면 일정한 시간이 지나 활이 제 모양새를 내기 시작한다. 이런 활을 '편하게 활을 올릴 수 있다.'는 뜻에서 '태평궁(太平弓)'이라고 한다.

반대로 새 활은 묵혀서 사용하는 것이 좋다고 하여 점화장에 1년 이상 그대로 방치하는 경우인데, 이것 또한 주의해야 한다. 특히 높은 온도에서 오랫동안 방치하게 되면 활에 치명적일 수 있다. 따라서 가능한 한 낮은 온도에서 보관하고, 한 달에 두세 번씩 활을 얹어 활의 상태를 살피고 틀어진 곳이 있다면 바로잡는 것이 좋다.

새 활을 얹을 때는 반드시 도지개를 사용하도록 하고, 살을 낼 때에는 한두 순 정도에서 시작해서 서서히 횟수를 늘려 나가는 것이 바람직하다.

각궁의 관리와 점화장

각궁은 사용된 접착제 부레풀의 특성상 일정한 온도를 지속하는 점화장에 넣어 부레풀의 습기를 제거해야 한다. 부레풀에 습기가 많으면 활은 탄력을 잃게 된다. 점화장은 여름에 25~35℃, 겨울에는 15~25℃ 내외로 유지한다(단, 외부 온도에 따라 5℃씩 높여 설정한다.). 처음 사용하거나 오래 묵힌 각궁은 사용하기 2~3일 전에 반드시 점화장에 넣어 건조시킨다. 장기간 활을 보관할 때에는 옷장에 넣어 두어 활이 지나치게 건조해지는 것을 막는다.

활 보관대

점화장

화살과 활쏘기 용구

죽시(竹矢 : 화살)

죽시(竹矢)의 종류

화살은 재료에 따라 목전(木箭)과 철전(鐵箭)이 있고, 기능에 따라 예전(禮箭) · 편전(片箭) · 동개살 · 세전(細箭) · 장군전(將軍箭) · 유엽전(柳葉箭) 등 여러 가지가 있다. 현재 사용되는 대나무살, 즉 죽시는 옛 유엽전의 형태에서 촉만 바꾼 것이다.

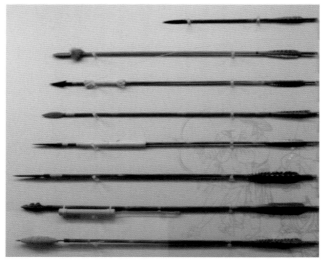

다양한 형태의 화살

죽시의 재료

죽시는 일곱 가지 소재인 대·싸리·도피·꿩깃·쇠심줄·부레풀·촉으로 만든다. 길이는 2자 5치~2자 8치이며, 쏘는 사람의 팔과 활의 길이에 따라 조금씩 다르다. 무게는 6돈에서 1냥 정도이다.

① 조직이 치밀하고 탄력이 좋은 신우대를 사용한다.

② 바른 열 처리가 되어야 한다.

③ 화살이 반듯해야 한다.

④ 깃은 꿩깃을 사용하며, 우궁깃과 좌궁깃으로 나누어진다.

좋은 죽시의 선택

① 상사보다 깃간(間)이 가늘면 살걸음은 빠르나 영축(零縮)이 생긴다.

② 상사 부분보다 깃간(間)이 굵으면 살걸음이 느리다.

③ 죽(竹)에 있어서 상하(上下)의 굵기가 비슷한 것이 적중하는 데 적합하다.

④ 깃이 높으면 살걸음은 느리나 방향은 정확하게 간다.

⑤ 허리 힘이 강한 것이 바르게 간다.

⑥ 죽시의 면이 전체적으로 균일해야 한다.

⑦ 죽시의 불을 너무 많이 보이면 졸은 잘 잡히나 파손되기 쉽다.

개량시

개량궁과 함께 죽시를 신소재로 제작한 것을 '개량시'라 한다. 주로 탄소섬유와 금속, 플라스틱을 이용해 제작한다. 계절과 상관없이 쏠 수 있으며, 정확한 것이 장점이다.

죽시의 관리와 손질

각궁과 마찬가지로 죽시도 적당히 건조하는 것이 중요하다. 죽시 내부에는 청이 있어 스스로 습기를 조절한다. 그러나 습기를 막고, 깃을 관리하기 위해 다음과 같이 손질하는 것이 좋다.

① 습사를 마치면 항상 마른 헝겊을 이용해 화살촉, 화살대, 깃 순 서대로 깨끗이 닦아 둔다.

② 화살대는 동백기름을 면포에 살짝 묻혀 닦고, 다시 전체적으로 닦은 후 그늘에서 말린다. 오늘날에는 구두약을 쓰기도 한다.

화살의 부위별 명칭

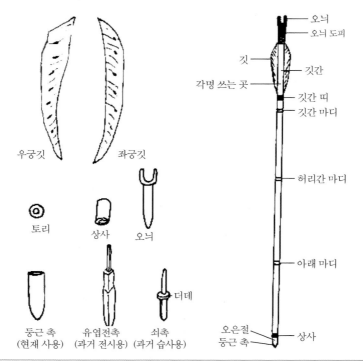

우궁깃   좌궁깃

토리   상사   오늬

둥근 촉   유엽전촉   쇠촉   더데
(현재 사용)   (과거 전시용)   (과거 습사용)

오늬
오늬 도피
깃
각명 쓰는 곳
깃간
깃간 띠
깃간 마디
허리간 마디
아래 마디
오은절
둥근 촉
상사

촉 : 쇠로 감싼 화살의 제일 앞부분	상사 : 촉과 대 사이를 싼 부분
깃 : 깃간 도피 아래 세 갈래로 붙인 것	오늬 : 시위에 끼고 쏘는 화살 윗부분

활쏘기 용구

전통(箭筒 : 화살통)

전통은 화살을 넣어 두어 외부 충격과 습기로부터 보호하는 장비이다. 전통적으로 대나무, 오동나무가 많이 사용되었으나 최근에는 종이와 가죽, 인조가죽을 소재로 만든다.

오늘날 조선시대의 전통은 박물관에서 그 모양을 볼 수 있다. 한량(閑良)들이 운동 삼아 취미로 활을 쏘는 데 쓰던 화살통과 전쟁용 화살통은 다르다. 운동하는 데 쓰이는 화살통은 길이 89~100cm, 둘레 15~25cm 정도이나 전쟁용 화살통은 길이 40~50cm, 둘레는 49cm나 된다.

전통은 대부분 대(竹)를 재료로 만드나, 종이 · 오동나무 · 거북딱지를 쓰기도 한다. 그 밖에 '화피(花皮)'라 하여 백두산에서 자생하는 벚나무 껍질과 투갑상어의 껍질을 쓰기도 하고, 나전으로 문양을 장식하는 것도 있다. 제작 공구로서는 톱 · 창칼 · 가죽 골무 · 평도(平刀) · 삼각도(三角刀) 외에 채칼 · 줄 등이 있다.

대나무 전통

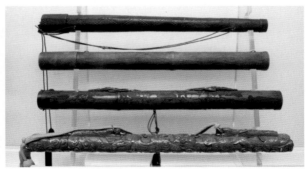

여러 가지 전통

깍지

깍지는 시위를 당길 때 엄지를 보호하는 용구로, 형태에 따라 암깍지 · 숫깍지 · 자웅깍지 · 턱깍지가 있다. 암깍지가 가장 많이 사용되지만, 강한 활을 당기기 위해서 숫깍지나 자웅깍지를 쓴다. 턱깍지는 시위가 엄지에 걸리지 않도록 하기 위해 개발된 것이다. 깍지의 재료는 뿔이 대종을 이루는데, 이 외에도 금속 · 플라스틱 · 나무 등이 사용된다.

궁대(弓垈)

활을 넣어 두는 주머니로, 습사를 할 때에는 허리에 묶어 화살을 지참하고, 단전 부위에 묶어 복심을 돕는다.

개량된 깍지 암깍지(좌)와 숫깍지(우)

전통 깍지

전통 궁대

개량 궁대

삼지

'보궁'이라고도 불리며, 삼지에 끼는 실가락지라는 의미에서 '삼지 끈'이라고도 한다. 올린 활이 넘어가지 않도록 각궁은 반드시 삼지를 채워 둔다.

동개[筒介]

조선시대 군사들이 무장할 때 화살을 넣어 등에 메는 물건이다.

팔지[腕帶]

활을 쏠 때 옷소매를 묶어 고정시켜 주어 거추장스러움과 활을 잘 못 쏘아 시위가 팔목을 치는 것을 막아 준다.

촉도리

화살촉을 조정하거나 박고 뽑는 데 사용한다.

삼지

동개

팔지

촉도리

활터의 시설물과 규격

과녁

〈대한궁도협회〉는 현대의 과녁과 사거리를 1960년에 표준화시켰다. 현대의 과녁은 높이 2.67m, 폭 2m이고, 15°정도 기울여 설치한다. 과녁의 설치는 사대로부터 정확히 145m 거리에 둔다. 조선왕조 때에는 사대로부터 과녁까지의 거리가 130보(약 156m)였다. 전통적으로 과녁의 재료는 지위에 따라 그 재료와 문양이 다르게 지정된다.『향음주례』에 따르면 과녁은 재료에 따라 천자는 흰곰 가죽·제후는 붉은색 고라니 가죽·대부는 범이나 표범 가죽을 천으로 사용하고, 선비는 사슴이나 멧돼지가 그려진 천으로 만들었다고 한다.

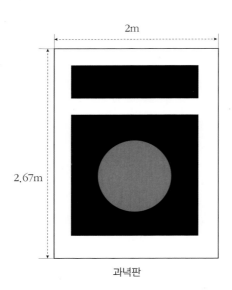

과녁판

경기장 시설 도면

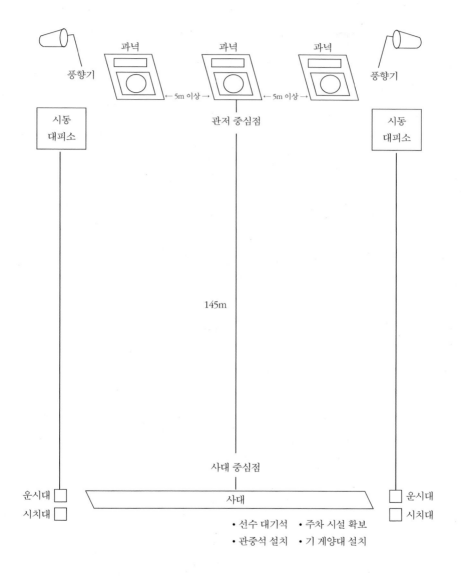

풍향기

과녁 과녁 과녁

←5m 이상→ ←5m 이상→

관저 중심점

시동 대피소 시동 대피소

145m

사대 중심점

운시대 운시대
시치대 사대 시치대

• 선수 대기석 • 주차 시설 확보
• 관중석 설치 • 기 게양대 설치

활터의 규격

- 사대 중심점에서 과녁 중심점까지의 거리는 145m로 한다.
- 과녁은 두께 5~6cm의 육송으로 된 사각 모양의 가로 6척(尺) 6촌(寸, ±.5cm)·세로 8척(尺) 8촌(寸, ±.5cm)의 크기로, 전면부에 화살의 보호를 위해 고무판(두께 0.5cm 이상)을 씌워야 한다. 못이나 기타 화살을 파손할 수 있는 것이 전면부에 있어서는 안 된다.
- 과녁 터(살받이)에는 모래와 같이 고운 흙을 5cm 이상 두께로 깔아 화살을 보호할 수 있어야 한다.
- 과녁과 과녁 사이의 거리는 5m 이상의 간격을 두어야 한다.
- 고전(시동)의 안전을 고려하여 과녁으로부터 좌우 측방 10m 이상 위치에 대피소를 설치한다.
- 과녁은 수직으로부터 후방 15°의 경사각으로 설치되어야 하고, 사대와 과녁은 수평선상에 위치하여야 하며 ±2m의 편차를 허용한다.
- 과녁 후면의 안전 지대를 필히 확보해야 한다.
- 운시대 설치는 좌우에 각 1개씩 설치하며, 부득이한 경우 한 곳만이라도 설치해야 한다(지형적 여건을 감안).
- 풍향기는 무겁 터 중앙에 선수가 식별이 용이하도록 설치하며, 필요에 따라 좌우측에 설치할 수 있다.
- 고전기는 과녁의 깃발 색상을 사용해야 한다.
- 시치대는 운시대 옆에 설치한다.
- 활 및 전통을 놓아 둘 장소와 대를 설치해야 한다.
- 확성기 장치를 설치해야 한다.

- 경기 진행석은 사대 1m 후방 40cm 이상의 높이에 설치하여 과녁 및 선수의 행동 반경을 판별하기에 용이하도록 해야 한다.
- 낙전선은 사대 앞 1m로 한다.
- 사정은 사대로부터 5m의 거리를 두고 설치되어야 한다.
- 사대 폭은 선수 간에 간격을 80cm로 하고, 관과 관 사이의 사대 간격은 1m 이상의 폭을 확보해야 한다.
- 기 게양대 설치는 사대 좌(우) 측방에 일렬로 배열, 설치한다.
- 주차 공간은 경기장 외곽 지역에 설치한다.
- 관중석은 사대 전방 좌(우) 측방 위치 운시대 밖에 설치하며, 경기에 지장이 없도록 설치한다.(〈대한궁도협회〉 설치 표준에 따름.)

국궁 사법

줌손

활 한가운데를 '줌통'이라고 하고, 그 곳을 잡는 손을 '줌손'이라 한다. 줌통을 손으로 잡으면 활 안쪽의 볼록한 부분이 반바닥에 닿는다. 반바닥이란, 손바닥 중에서 엄지손가락의 뿌리 부분을 가리키는 말이다. 그 곳에 줌통을 대고 앞으로 미는데, 옛 전통에 따르면 마치 태산을 밀듯이〔前推泰山〕민다고 한다. 움쥐지 않고 손가락을 편 상태에서 밀어도 활의 줌이 반바닥에서 벗어나지 않는 상태가 되어야 한다. 그 상태에서 손가락을 살짝 움켜잡는다. 엄지와 검지에는 절대로 힘을 주어서는 안 된다. 하삼지(下三指)에 은근히 힘을 주어서 가볍게

흘려 잡기의 바른 줌손

잡는다. 줌손은 반드시 흘려 잡아야 한다.

흘려 잡는다는 것은 활과 손가락이 직각이 아니라 예각을 이루어야 한다는 것이다. 반바닥으로 안을 받쳐 올리고 하삼지로 바깥을 끌어내리는 형국이 된다. 한마디로 손가락[下三指]은 아래로 빗겨 쥐고 흘려 쥐면 활을 반바닥의 힘으로 밀게 되는 것이다.

살 먹이기

시위에는 절피가 감겨 있다. 살을 먹이다 보면 일정한 곳에 오늬가 끼게 마련이고, 오늬가 끼는 부분은 많이 닳게 마련이다. 그래서 시위가 상하는 것을 막으려고 끈으로 감아 놓는데, 그것을 '절피'라고 한다. 활을 오래 쏘면 이 절피가 닳아서 갈아 주어야 한다. 처음 몇 번만 끼우면 절피가 닳기 때문에 오늬 끼우는 위치가 저절로 정해진다.

시위에 오늬를 먹이는 위치는 정확해야 한다. 오늬 끼우는 위치가 조금만 움직여도 살이 가는 위치는 굉장히 차이가 난다. 즉, 오늬 끼

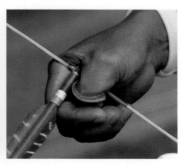

절피에 화살 끼우기   화살을 먹인 모양

우는 자리가 1mm만 달라져도 살이 가는 위치는 1m가 달라질 수 있다. 오늬 끼우는 가장 좋은 자리는 시위를 2등분 하는 곳이다. 즉, 줌통 위쪽 끝과 수평이 되는 곳이 원리상 가장 좋다. 그러나 실제로는 조금 더 높이 끼운다. 대개 화살 하나나 하나 반 정도의 두께만큼 높이 끼우면 된다.

깍지손

줌손과 짝을 이루는 것이 깍지손이다. 엄지에 깍지를 끼고 엄지손가락을 구부려서 시위에 건 다음 잡아당긴다. 엄지손가락만으로는 활의 강한 힘을 감당할 수가 없기 때문에 엄지손가락의 힘을 보조하기 위해 검지와 중지로 엄지손가락을 덮고 당긴다. 따라서 시위를 당길 때 쓰는 손가락은 모두 셋이다. 그런데 엄지손가락을 덮을 때 검지만으로 쥐는 것을 '외가락으로 쥔다.'라고 하는데, 이렇게 되면 뒷손이 부실해진다.

잡는 요령은 엄지의 손톱을 검지와 중지로 덮어서 당긴다. 그런데 엄지손가락을 너무 깊숙이 넣으면 깍지손을 뗄 때 잘 빠지지 않는다. 그래서 엄지 손톱의 끝이 중지 한가운데 닿도록 댄다. 그러니까 중지는 엄지손가락을 절반 가량만 덮는 것이다.

깍지손을 쥔 모습

활쏘기의 교범

활쏘기의 기본 자세

활쏘기 전 과녁을 향해서 선다. 지지면에서 안정된 자세를 갖추기 위한 준비 자세를 문자로 표기하면 '비정비팔(非丁非八)'이라 한다. '비정비팔'의 뜻은 발의 모양이 '丁' 자를 닮은 것도 아니고 '八' 자를 닮은 것도 아니라는 뜻이다.

왼발을 과녁의 오른쪽 하단을 향해서 조준한다. 오른발, 즉 뒷발은

활쏘기의 기본 자세인 비정비팔(非丁非八) 자세

먼저 앞발을 고정한 다음에 앞 발바닥의 쑥 들어간 부분에 엄지발가락을 댄다. 그러고는 뒷쪽과 오른쪽으로, 즉 대각선으로 어깨 넓이만큼 자연스럽게 벌린다.

화살 보내기

준비 자세

① 화살(5발)을 궁대에 찬 다음 활을 들고 비정비팔의 자세로 사대에 선다.

비정비팔 자세의 측면

② 과녁을 확인하고 숨을 고른다.

과녁을 마주한 자세

③ 궁대에서 살을 하나 뽑는다.

화살 뽑기

④ 줌손에 들고 있던 활을 배꼽 앞으로 조금 들어올려서 시위에 오 니를 먹인다.

오뉘먹이기 1

오뉘먹이기 2

오뉘먹이기 3

⑤ 활 앞쪽으로 살을 대고 활을 쥔 줌손의 엄지와 검지를 펴서 화살을 잡는다.

⑥ 깍지손은 검지와 중지로 화살을 잡고, 엄지손가락으로 시위를 눌러 끼운다. 깍지 낀 엄지손가락을 시위에 걸고 쥔다. 이때 깍지 낀 엄지손가락을 나머지 네 손가락으로 덮는다.

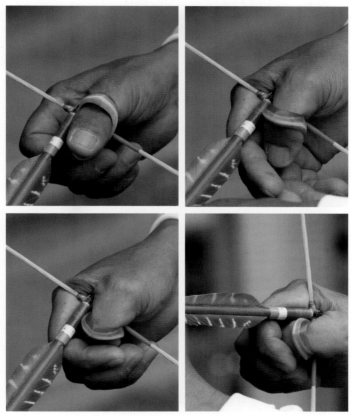

깍지손(암깍지)

숫깍지 걸기   숫깍지를 건 모습

⑦ 활을 천천히 들어올린다. 위치는 활의 맨 밑, 즉 아랫쪽 양냥고
　자가 배꼽 밑 단전에 오도록 한다. 이때 줌손은 명치 높이로 올라
　와 있게 되고, 화살촉은 약간 아래로 처지게 된다.

거궁 직전의 자세

⑧ 호흡을 고른다. 아랫배로 천천히 숨을 들이켰다가 천천히 내뿜
는 복식호흡을 한다. 이른바 단전호흡이다.

만작

① 불거름에 걸쳐 놓았던 활을 그대로 이마 높이로 들어올린다. 옛
표현대로, '아녀자가 우물에서 물을 가득 담아 물동이를 머리에
이려고 들어올리듯'이 올린다.

② 줌손을 이마 높이로 올린다. 줌손은 이마 정면 위에, 팔꿈치는
수평으로 올린다. 이때도 살촉은 여전히 아래로 비스듬히 처져
있어야 한다.

거궁 자세

③ 숨을 완전히 내쉬었을 때 엄지발가락을 살그머니 내리면서 허벅지에 힘을 가한다.

④ 내뱉은 숨을 천천히 들이쉰다.

⑤ 숨을 들이쉬는 동작과 동시에 깍지손을 천천히 당긴다. 이때 처진 화살이 똑바로 펴지면서 과녁을 향한다. 줌손은 과녁을 겨냥한 채 고정시킨다. 시위를 다 당겨서 만작이 되어도 숨을 완전히 들이쉬지 않는다. 깍지손은 오른쪽 귓바퀴를 스쳐야 한다.

깍지손의 올바른 위치
양궁은 세 손가락으로 걸어 당기지만 국궁은 엄지손가락으로 걸어 당긴다.

⑥ 호흡을 멈추고서 아랫배에 힘을 준다. 그래서 가슴속에 들어온 공기를 아랫배로 내보낸다. 그러면 가슴은 비면서 아랫배가 든든해진다. 이것을 가리켜 '흉허복실(胸虛腹實)'이라 한다.

촉의 위치

만작 시 가슴을 편 모습

조준 시 모습

⑦ 다 당긴 상태에서 과녁을 향해 정조준한다.

⑧ 조준이 끝났으면 줌손의 하삼지에 힘을 가한다.

발시

① 활쏘기의 마지막 단계로, 활을 당긴 상태에서 정신을 집중한 다음 앞손과 뒷손에 똑같이 힘을 배당하는 것이 중요하다. 그 균형이 맞지 않으면 화살은 제대로 쏠 때에 비해 5, 6m나 덜 나간다. 활을 당긴 상태에서 양 어깻죽지를 등 뒤로 모으고 앞가슴을 쫙 편다.

② 깍지손은 절대로 앞으로 딸려 나가면 안 된다. 깍지손 떼는 것을 〈궁도 9계훈〉에는 "호랑이가 꼬리를 채듯이(후악호미(後握虎尾))"라고 비유한다.

뒤에서 본 만작 시 중구미의 위치

③ 줌손은 살짝 뿌리듯이 밀어낸다. 앞으로 밀고 있던 상태이기 때문에 살이 나가면 저절로 힘 주던 방향으로 뿌려진다.

발시 직후의 자세

활쏘기 연속 동작

1) 발디딤 : 과녁을 향하여 비정비팔(非丁非八)의 자세로 선다.

2) 손가짐 : 줌손과 깍지손을 정확히 한다.

3) 살 먹이기 : 시위의 정확한 위치에 화살의 오늬를 끼운다.

4) 들어올리기 : 물동이를 이듯이 한다. 가슴과 손 사이에 짚 한 단
   이 들어 있도록 한다.

5) 밀며 당기기 : 태산을 밀듯이, 호랑이 꼬리를 잡아당기듯이 한다.

6) 만작 : 활을 최대한 가득 채운 상태

7) 발사 : 짧은 순간에 아주 가볍게 이루어져야 한다.

8) 잔신 : 살은 몸을 떠났지만 마음은 살을 떠나면 안 된다.

사대에서의 활쏘기−뒷모습

사대에서의 활쏘기—옆모습

활쏘기의 나쁜 자세 및 교정

발가짐에 따른 버릇

앞·뒷발의 거리나 위치는 사람의 체격에 따라 달리 정해야 하므로 스스로 체득해야 한다. 비정비팔의 자세로 섰을 때 뒷발이 너무 앞으로 나오면 살은 뒤나고, 너무 뒤로 빠지면 앞난다.

덩치가 작은 사람이 뒷발을 너무 앞으로 내면 상체가 구부정하게 된다. 시위를 당기는 거리가 짧아져서 자연 상반신을 구부리는 것이다. 이럴 때는 뒷발을 뒤로 조금 빼면 된다. 덩치가 큰 사람이 발을 너무 뒤로 빼면 깍지손이 덜 당겨져서 불안해진다. 자신의 상체가 시위를 잡아당기는 길이에 알맞도록 발의 위치를 정해야 한다.

깍지손에 따른 버릇

깍지손은 화살이 날아가는 뒷방향으로 뽑아야 한다. 활 쏘는 버릇 중에서 가장 나쁜 버릇은 깍지손이 앞으로 딸려 나가는 것이다. 깍지손이 딸려 나가면 과녁에 미치지 못한다. 그리고 살고가 높아진다. 이것을 극복하려고 몸을 엉버티게 되므로 궁체가 뒤틀린다. 그러므로 처음부터 깍지손은 뒤로 뽑도록 버릇을 들여야 한다. 깍지손을 오른쪽으로 뿌리치면 화살은 앞난다. 화살은 시위에 머무는 시간의 길이에 따라서 앞나고 뒤난다. 즉, 머무는 시간이 길면 뒤나고 짧으면 앞난다.

깍지손은 가능한 한 동작을 최소화하여야 한다. 불필요한 동작을 최소화하기 위해서는 깍지손을 고정시키고 가슴을 내밀어(빠개어)

살을 내보내는 것이 좋은 방법이다.

나쁜 자세의 교정

① 방사할 때 화살 깃이 줌손 엄지손가락을 훑고 나가는 수가 있는
데, 그 원인은 첫째, 방사할 때에 줌손을 훑어 쥐거나 둘째, 낮게
끌거나 셋째, 시위에 절피를 낮게 감았기 때문이다. 이런 경우 첫
째 줌손을 주의하여 활을 무르게 쏘되, 하삼지를 거들쳐 쥐고 방
사한 후에라도 앞을 들어 주는 것이 훑어 쥐는 병을 고치는 방법
이다. 둘째는 깍지손을 높여 끄는 것이 묘방이요, 셋째는 절피를
살펴 낮게 감겼으면 높게 감는 것이 훑고 나가는 것을 고치는 묘
법이다.

② 방사할 때 시위가 줌팔을 치는 경우가 있는데 그 원인은 첫째,
줌손을 젖혀 쥐거나 둘째, 뒤(깍지손)는 누르고 앞(줌손)을 세게
밀거나 셋째, 시위가 너무 길기 때문이다. 이를 고치는 방법은 첫
째는 줌손을 빼서 쥘 것이요, 둘째는 앞을 버티면서 뒤를 힘 있게
당겨 저절로 벗어지도록 할 것이며, 셋째는 시위를 알맞게 줄이
는 것이다.

③ 방사할 때 시위가 뺨을 치거나 귀를 치는 수도 있는데, 이런 때
는 턱을 죽머리 가까이 묻으면 된다.

④ 줌손은 반바닥으로 줌통을 밀고 하삼지로 받쳐 쥔다. 이때 주의
할 것은 반드시 하삼지에만 힘을 가해야 한다. 만약 엄지와 검지
에 힘이 들어가면 화살이 퍼지고, 줌손·하삼지에 힘을 얼마나 주
느냐에 따라서 살의 방향이 달라진다. 줌손에 가하는 힘의 정도

는 스스로 깨달아야 한다. 사람마다 다 다르기 때문에 어느 정도라고 말할 수는 없지만 힘을 덜 주면 뒤나고 너무 주면 앞난다. 그리고 줌손을 좌우로 뿌리지 말고 과녁을 향하여 밀어야 한다.

활쏘기의 유의사항

① 한번 잡힌 궁체는 고치기가 매우 힘들다. 따라서 연습 때 충분히 기본 체를 바로잡은 뒤에 습사에 임하도록 한다. 절대로 빨리 사대에 서려고 할 필요가 없다.

② 활은 무르게 내야만 할 일을 다 할 수 있으므로 힘에 겨운 강궁은 백해무익하다. 힘에 알맞은 약한 활을 택하여 습사함이 중요하다. '연궁중시'라는 말이 있다. 사람은 활을 이기고 활은 화살을 이겨야 한다.

③ '구궁신시'란 말과 같이 활은 묵은 것이 좋고, 화살은 새것이 좋으며, 활과 화살은 자기 체격에 맞아야 한다.

④ 과녁에 욕심을 내지 말고 평온한 마음으로 기본 궁체대로 내야 쏨이 좋아진다.

⑤ 겨울에 활을 내면 다음해에 시수가 늘고, 밤에 활을 내면 궁체가 바로잡힌다.

⑥ 습사 시에는 계속 냄을 피할 것이며, 한 대 한 대에 정성을 들여 매일 10여 순씩 계속하여 궁력을 길러야 빨리 숙달된다.

⑦ 궁사의 사법을 눈여겨보고 그의 장점을 흡수하여 체득해야 한다.

⑧ 체력과 깊은 관계가 있으므로 수면을 충분히 취하고 절제하여 건강 관리에 유의해야 한다.

활쏘기의 안전수칙

① 빈 활일지라도 사람을 향해서는 당기지 말며, 사대 이외의 장소에
  서는 활을 쏘아서는 안 되고, 살을 메워 서성이지도 말아야 한다.
② 무겁(개자리)에 사람이 있을 경우에는 사대에 나가지 말고, 사대
  에 사람이 섰을 경우에 무겁은 과녁 앞에 나서지 않는다.
③ 준비운동은 빈 활로 하고, 사대에 나가서 화살을 메워 거궁하여
  활을 당겨 보아서는 안 된다.
④ 여무사(女武士)의 경우, 목걸이나 귀걸이 등을 빼놓아야 한다. 이
  는 화살이 장신구에 걸려서 일어나는 만일의 안전사고를 예방하기
  위함이다.
⑤ 화살은 매순간 쏘기 전에 점검하고, 몰촉의 위험이 있는 짧은 화
  살이나 약간의 홈집이 생긴 화살도 그대로 쏘아서는 안 된다.
⑥ 휴식 중 활은 일정한 장소(활대)에 세우고, 각궁인 경우에는 반
  드시 보궁 장치를 해야 한다.
⑦ 습사(習射) 중 안전사고가 발생했을 경우에는 먼저 발견자가 고
  함을 쳐서 알리고, 위험 요소가 해소될 때까지 습사를 중지한다.

줄화살 연습용 화살

살 줍기

국궁의 경기 방법과 예절

국궁의 경기 방법

국궁의 경기 방법은, '편사'라는 지역 및 정(亭) 대항의 단체전(團體戰)과 활 백일장 같은 개인전이 있다. 첫 화살 5발을 1순(巡), 즉 1회로 하고 3순(3회 15발)으로 경기를 하되, 사대에는 7명이 함께 서서 차례차례 1발씩 발사한다.

첫 순을 초순(初巡), 둘째 순을 중순(中巡), 셋째 순을 종순(終巡)이

임실 군자정 국회의장기 전국 남여 궁도대회

라 한다. 대회 주최측의 결정에 따라 3순 또는 5순, 9순 등으로 경기할 수 있으며, 단체전은 토너먼트로 실시할 수도 있다.

점수는 관중 시 1등점이며, 다득점 순으로 순위를 매긴다. 동점일 경우 동점자끼리 한 순으로 재경기를 치른다. 재경기 시에도 동점일 경우에는 매시(한 발씩)로 승부가 날 때까지 경기를 치른다. 단체전도 같은 요령으로 진행한다.

참고로 입·승단(入昇段) 대회에서는 초단은 9순에 25중 이상·2단은 28중 이상·3단은 29중 이상·4단은 30중 이상·5단은 31중 이상으로, 5단 이상은 각궁에 죽시(대나무와 꿩깃)를 사용하며 '명궁'이란 칭호를 얻을 자격을 갖는다. 각 사정(射亭)에서는 월례대회격인 '삭회(朔會)'를 열어 소속 사원(射員)들의 기량을 겨루기도 한다.

국궁의 예절

예로부터 활쏘기는 예(禮)로 시작해서 예(禮)로 끝난다고 했다. 국궁을 배우는 데 있어서 가장 중요한 것은 예절이다. 한민족은 국궁을 통해 무예로서 몸을 단련했을 뿐만 아니라, 동시에 예의를 지키고 풍류를 즐김으로써 정신 수련과 바른 인격을 닦아 국궁에 오락이나 스포츠 이상의 의미를 부여하였다. 〈궁도 9계훈〉 가운데 '정심정기(正心正己)'라는 말은 마음과 몸을 바르게 한다는 국궁의 기본 정신을 나타내 보인 것이라 할 수 있다.

마음이나 몸이 바른 정신과 자세를 지속함으로써 화살은 정확하게 과녁에 맞는다. 흐트러진 심신으로 화살이 과녁에 맞는 일은 우연이 아니고서는 어렵다.

사원(射員)들은 사정에서 예의 바른 언행(言行)을 해야 한다. 모든 인간의 정신은 행동으로 표현되며, 이는 궁도에도 적용된다. 따라서 전통적으로 궁도에서 중시되는 원칙에 입각해 행동하는 것은 궁도인으로서의 바른 마음가짐과 행동거지라 할 수 있다.

정에 처음 왔을 때

활터의 건물(본정) 중앙에 '정간(正間)'이라는 팻말을 볼 수 있다. 과거에는 활터 외의 건물에, 즉 정간에 해당되는 곳에 위패를 모셨다고 전해진다. 현대의 활터는 과거와 같이 신위를 모시지는 않는다. 그러나 활의 전통을 계승하고 궁도의 정신을 함양한다는 취지에서 활터에 처음 오거나 물러갈 때 정간에 예를 올리는 것이 관습화되어 있다. 활터에서 중요시 여기는 예절은 다음의 세 가지

정간 배례

이다.

사정(射亭)에 오를 때는 먼저 온 사원에게 "왔습니다."라고 인사하고, 먼저 온 사원은 "어서 오십시오."라고 답례한다. 먼저 온 사원이 습사(習射) 중일 때는 조용히 등정(登亭)하여 있다가 습사가 끝난 후에 인사한다. 등정한 사원은 정(亭)의 상징에 예(禮)를 표하고, 사두(射頭)나 고문(顧問) 등 구사원로(舊射元老)들에게 인사한 뒤에 습사에 앞서 시지(矢誌)에 자기 이름을 기록한다.

활터에 서는 순서

활터에 서는 순서는 과녁을 향했을 때 왼쪽부터 웃어른이 먼저 선다. 사원 간에 사대에 서는 서열을 가릴 때에는 서로 겸양의 미덕을 발휘하여 사두(射頭) · 고문(顧問) · 고참자(古參者) 순으로 서며, 경력이 같을 때에는 연장자(年長者) 순으로 선다.

타정의 사원과 섞였을 경우 가급적 윗자리를 사양하는 것이 사정의 예의이다. 정의 관습에 따라 좌궁은 맨 오른쪽에 세운다. 여무사들은 오른쪽에 모아서 서도록 하는데, 이것은 여무사들의 옷매무새를 고려한 관습이지만 정의 규정에 따른다.

습사의 기본 예절

① 사대에 나갈 때 화살은 한 순(5시)분만 지참한다. 활을 쏠 때 자기 차례가 되기 전에 미리 거궁 자세를 취해서는 안 되며, 반대로 자기 차례가 되었음에도 너무 느릿느릿해서 흐름을 방해해서도 안 된다.

② 사대에 올라 첫 발을 쏠 때 쏘기 전에 "활 배웁니다."라고 과녁을 향해 절한다. 사대에 함께 선 사우들은 "많이 맞추세요."라고 응수한다. 활을 쏠 때에는 사대에 7인씩 모아쏘기를 하는데, 사대에 임의로 혼자 활을 내서는 안 된다. 또는 화살이 이미 발시되었는데 끼어들거나, 화살을 마지막 사원이 발시하지 않았는데 중간에 대열을 빠져나와서는 안 된다. 이것은 화합을 중시하는 의미와 활을 배우고 지도하는 교육적 입장, 그리고 안전 등을 고려한 것이다.

③ '습사무언(習射無言)', 즉 활을 쏠 때 말을 해서는 안 된다. 자신뿐만 아니라 다른 사우의 주의를 흩트리고, 또한 안전상의 위해가 있을 수 있기 때문이다. 불가피할 경우 작은 소리로 주고받을 수 있고, 경우에 따라 마지막 사우가 발시해서 관중했을 경우에

사대에서 인사 첫 발을 쏠 때 "활을 배웁니다." 하며 과녁을 향해 인사한다.

는 격려의 의미로 작은 추렴을 말할 수 있다.

④ 활을 쏘는 중에 뒷짐을 지는 행위, 호주머니에 손을 넣는 행위, 뒤로 물러서는 행위, 담배를 피우거나 침을 뱉는 행위 등을 하지 않는다.

⑤ 퇴정(退亭)할 때에는 정(亭)의 상징에 예(禮)를 표하고 남아 있는 사원들에게 "먼저 갑니다."라고 인사를 하면 "안녕히 가십시요." 하고 답한다. 남아 있는 사원이 습사 중일 경우에는 기다렸다가 습사가 끝나면 인사를 하고 물러난다.

습사 시 주의 사항

① 막만타궁(莫彎他弓) : 활을 다 쏘았다고 해도 사대에서는 활을 뜨지 말 것이며, 자기의 활과 화살은 반드시 자신이 챙겨야 한다. 남의 활을 함부로 만지는 것을 금기시한다. 활은 약간의 조작에 의해서도 성능이 달라질 수 있으며, 활의 파손 시 책임이 따르기 때문이다.

② 사대에 이탈해서 활을 당길 때 사람을 향해 활을 당겨서는 안 된다. 화살을 매기지 않고 빈 활을 당길 때도 마찬가지이다. 화살의 방향은 항상 과녁을 향하도록 하고, 정의 건물이나 사람을 향하지 않도록 한다.

③ 초보자인 신사(新射)에 대한 지도는 사범(師範)에게 일임하고, 사원들이 개별적으로 하지 않는다.

④ 활터의 복장은 운동하기에 편안한 복장을 갖추되, 운동복이나 반바지, 치마, 런닝셔츠, 슬리퍼는 허용되지 않는다. 궁도에서 특

임실 군자정 최성미 사두 화려하지 않으며 편한 옷차림으로 사대에 선다.

별한 복장은 필요치 않지만 누구나 간편하고 쉽게, 그리고 화려
하지 않은 일상의 옷이면 된다. 궁도대회의 경우, 대회 규정에 따
라서 상의는 소속 지역과 정이 등에 표기된 색깔 있는 옷이어야
하고, 하의는 흰색을 입어야 한다. 신발은 흰색 운동화로, 다른
문양이 있어서는 안 된다.

국궁의 효과

국궁의 장점

궁도는 어디까지나 인내와 노력이 없이는 안 되는 운동이다. 숙달되는 과정에 여러 차례 벽에 부딪치고 슬럼프와 매너리즘에 빠지기도 한다. 궁도는 그것을 극복해 나가는 노력과 인내력이 요구된다. 궁도는 처음부터 꾸준히 노력해서 축적해 나가며 발전하는 것인 까닭에, 노력한 가치를 몸으로 실감하게 된다. 또 배운 대로 충실하게 실천해야만 발전할 수 있는 운동이기에 성실한 마음과 노력, 그리고 공부가 필요한 것이다.

또 궁도는 항상 몸과 마음을 스스로 안정되게 수양하기 때문에 긴급한 사태에도 냉정하게 대처할 능력을 갖게 된다.

조상의 슬기와 얼이 담긴 전통적 스포츠

우리 활 궁도는 예부터 우리 민족에게 가장 대중화된 무예였고, 역대 왕조의 임금과 문무백관이 즐기고 양반의 자제가 반드시 익혀야 할 필수 과목이었다. 우리 조상들은 활을 통해 심신 단련과 장부로서의 호연지기(浩然之氣)를 길러 왔다. 게다가 우리 활은 세계에서 가장 우수한 민족궁이다.

남녀노소 누구나 할 수 있는 운동

우리 활 궁도는 예부터 남녀노소 구별없이 배우고 즐길 수 있었던 우리 민족의 생활체육이었다. 활의 강도는 여러 단계로 분류되어 있기 때문에 팔 힘이 약한 사람이라도 자기 힘에 맞는 활을 선택해서 무리없이 즐길 수가 있다.

과격한 운동은 젊었을 때나 할 수 있고, 갑자기 중지하게 되면 몸 상태가 나빠진다. 그리고 몇 년 동안 쉬게 되면 다시는 그 운동을 할 수 없게 된다. 하지만 궁도는 자기 힘에 맞는 활을 쏘게 되므로 나이가 들어서도 얼마든지 계속할 수가 있다.

남녀노소 즐기는 궁도

혼자서도 즐길 수 있는 스포츠

궁도는 축구나 농구, 배구 등처럼 단체 경기가 아니라 개인 기록 경기이다. 테니스나 배드민턴과 같이 상대가 있어야 할 수 있는 것도 아니다. 자신과 과녁과의 관계에서 이루어지는 것으로, 혼자서도 할 수 있고 단체로도 할 수가 있는 운동이다.

혼자서 활을 쏘더라도 세상의 모든 잡사(雜事)를 잊고 무아(無我)의 경지에서 쏜 화살이 과녁에 적중할 때의 쾌감과 묘미는 활을 쏘는 사람만이 느낄 수 있는 큰 기쁨이다. 살 한 대면 모든 스트레스가 해소된다.

건강에 좋은 장수운동

우리 활 국궁은 예부터 장수운동으로 꼽혔다. 때문에 역대 왕조의 임금들이 활쏘기를 즐겼다. 궁도는 항상 올바른 자세와 균형을 요구하는 운동인 까닭에 척추를 바르게 신장하고 가슴을 확장하며, 언제나 바른 자세를 갖는 태도와 습관을 기른다. 활이 건강에 좋은 이유를 좀 더 구체적으로 말하면 다음과 같다.

① 궁도는 과녁에 명중시키기 위해서는 안정되고 바른 자세가 요구된다. 그래서 척추는 상하로 꼿꼿이 세워야 하고, 가슴은 좌우로 확장되어 종횡으로 균형 잡힌 자세가 된다. 따라서 궁도를 하면 항상 바른 자세를 갖는 태도와 습관을 기르게 되는 것이다.

② 궁도는 전신의 근력을 정중도의 긴장과 이완 작용에 의해 이루어지는 운동으로, 이를 반복함으로써 근육의 신축성과 근력이 증가하고 신경 기능을 향상시켜서 지구력을 증가시킨다.

입단식 활을 정간 앞에 놓고 예를 올린다.

③ 궁도는 정적인 운동이기는 하나 단전에 힘을 넣는 복식호흡을
수반하는 운동이다. 단전에 기력을 집중시키는 복식호흡으로 몸
과 마음이 안정된다. 또 복식호흡에 따라 내장의 혈액순환이 잘
되고, 기능도 튼튼해진다.

④ 궁도는 상하, 좌우 힘의 균형이 요구되는 운동이다. 밀고, 당기
고, 과녁에 맞추기 위해서는 힘의 균형이 필요하며, 이 때문에 균
형 감각이 발달하게 된다.

정신 수양과 사회생활에 유익

궁도는 몸과 마음이 혼연일체가 되어 무아의 경지에서 활을 쏠 때
비로소 진가를 얻을 수 있는 운동이다. 따라서 무엇보다도 정신의 안

정과 집중이 필요하다. 그래서 정서를 안정시키고, 침착성과 정신적
대범성을 키우게 된다.

입단식 궁대를 채워 주는 사부들

첫 발 맞춘 날의 의식 과녁에 첫 발을 맞춘 날 과녁 앞에 활을 놓고 절을 한다. 보통 6개월에서
1년 정도 연마해야 과녁에 첫 발을 맞출 수 있을 정도로 궁도는 인내와 노력이 요구된다.

궁도는 상호 간에 정신 통일을 요하기 때문에 동료나 상대방의 입장을 존중하게 되며, 예의를 중히 여겨 협동정신을 기르게 된다. 또 살을 날려 보내는 운동이기 때문에 이것을 바르게 취급하지 않으면 위험한 흉기가 될 수 있다. 따라서 궁도는 항상 자발적이면서 적극적으로 안전 수칙을 지키는 태도와 습관을 기르게 된다.

궁도와 극기 복례

궁도는 어디까지나 자기 자신과의 대결이다. 활쏘기의 결과는 자기 자신에게 돌아오게 되는 것이니, 결국 상대는 과녁이 아니라 자기 자신이다. 때문에 항상 자기를 연마하고 반성하며 자신과 대결하지 않으면 안 된다. 즉 자기 자신을 극복하지 않으면 안 되는 것이다. 마음의 동요는 곧 활쏘기의 결과로 나타나므로 언제나 평안한 마음으로 활쏘기에 임하는 수련이 필요하다.

궁도는 주위 환경의 자극과의 대결이다. 사람의 마음은 주위 환경에 좌우되기가 쉽다. 많은 사람이 보고 있을 때 궁도대회장과 같은 장소에서는 외부로부터의 정신적 자극에 마음의 안정을 잃기 쉽다. 때문에 궁도는 어떤 주위 환경 조건에서도 정신을 집중시키는 수련이 필요하게 된다. 주위 환경에 동요됨 없이 몸과 마음을 자기 스스로가 자유롭게 조정할 수 있고, 잡념을 털어 버리기 위한 정신 수양을 하게 된다

부록

궁도 9계훈
집궁 8원칙
활쏘기의 교훈

궁도 9계훈

'궁도 9계훈'은 전통적인 활터에서 국궁을 연마할 때 가져야 할 예의와 정신을 표현한 것이다.

- 인애덕행(仁愛德行) : 사랑과 덕행으로 본을 보인다.
- 성실겸손(誠實謙遜) : 겸손하고 성실하게 행한다.
- 자중절조(自重節操) : 행실을 신중히 하고 절조를 지킨다.
- 예의엄수(禮儀嚴守) : 예의범절을 엄격히 지킨다.
- 염직과감(廉直果敢) : 청렴 겸직하고 용감하게 행한다.
- 습사무언(習射無言) : 활을 쏠 때는 침묵을 지킨다.
- 정심정기(正心正己) : 몸과 마음을 항상 바르게 한다.
- 불원승자(不怨勝者) : 이긴 사람을 원망하지 않는다.
- 막만타궁(莫彎他弓) : 남의 활을 함부로 당기지 않는다.

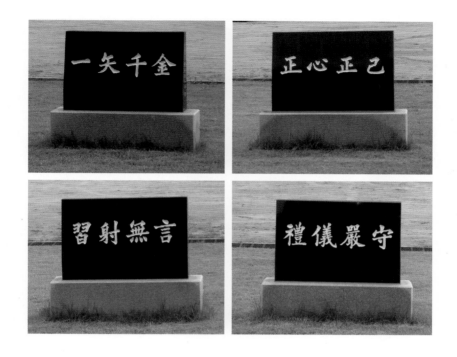

집궁 8원칙

　활 쏘는 과정에서 지켜야 할 주의 사항을 예부터 '집궁 8원칙'이라
는 공식으로 정리했다.

- 선관지형(先觀地形) : 먼저 지형을 보고 나서
- 후찰풍세(後察風勢) : 바람의 흐름을 살핀다.

- 비정비팔(非丁非八) : 비정비팔로 발을 갖추고
- 흉허복실(胸虛腹實) : 가슴을 비우고 배를 든든히 한다.
- 전추태산(前推泰山) : 줌손은 태산을 밀듯이 하고
- 후악호미(後握虎尾) : 깍지손은 범의 꼬리를 움키듯 한다.
- 발이부중(發而不中) : 활을 쏘아서 맞지 않으면
- 반구제기(反求諸己) : 자기 자세를 돌이켜 본다.

활쏘기의 교훈

생궁불가필중(生弓不可必中)

"익지 않은 활은 적중할 수 없다." 이것은 각궁을 이르는 말로, 각궁은 뿔과 쇠심줄과 민어 부레풀을 주재료로 만들고 화피로 단장하였으므로 습기를 흡수하기 쉽다. 그러므로 각궁은 점화통에 보관하여 항상 건조 상태를 유지해야 한다. 만일 그렇지 않으면 습기가 차서 탄력이 약해지므로 화살을 쏘아 적중할 수 없다.

생소불가필중(生踈不可必中)

"낯선 활은 적중할 수 없다." 활은 각궁과 개량궁을 막론하고 각각 강약이 다르고 꾸밈새가 다르고 특성이 다르므로, 자기 손에 익지 않으면 뜻대로 부릴 수 없다. 그러므로 낯선 활로는 적중할 수 없는 것이다.

궁강시경불가필중(弓强矢輕不可必中)

"활이 강한데 화살이 가벼우면 적중할 수 없다." 이것은 활과 화살이 조화롭지 못하면 쏘아서 적중할 수 없다는 뜻인데, 우리 활 속담에 "궁시반 재주"라는 말은 이것을 시사한 말이다.

우리 국궁은 화살이 출전피를 스치고 나간다. 활 중심선에 현이 떨어지므로 출전피와 현 사이에 각도가 생긴다. 그러므로 화살이 압력을 받아 허리가 휘며 나가게 된다. 화살은 자체 탄력으로 다시 펴지는 운동을 반복하며 나가 적중한다. 그러나 활이 강하고 살이 약하면 화살이 활의 압력을 견디지 못하여 허리가 휜 상태를 회복하지 못해 한쪽으로 치우치게 된다.

궁약시중불가필중(弓弱矢重不可必中)

"활이 약한데 살이 무거우면 적중할 수 없다." 이것은 앞의 '궁강시경불가필중(弓强矢輕不可必中)'의 반대 현상이다. 화살이 무겁다는 것은 대가 굵고 단단하다는 것인데, 활이 약하면 압력도 약하므로 단단한 살의 허리가 굽히지를 아니하고 나가므로 화살은 줌 앞으로 치우칠 수밖에 없다.

기교지태불가필중(氣驕志怠不可必中)

"기가 교만하고 뜻이 게으르면 적중할 수 없다." 마음이 교만하여 활을 쏘면 소홀함으로써 넘게 쏘기 쉽고, 뜻이 게으르면 활을 끝까지 당겨 굳히지 못하니 짧게 쏘기 쉬우므로, 결국은 반드시 적중할 수 없는 것이다.

심신황홀불가필중(心神恍惚不可必中)

"마음과 정신이 흐리멍덩하면 적중하지 못한다." 활쏘기는 조용하고 한가한 마음으로 기를 고르고 정신을 집중해서 쏘아야 하는 것인데, 흐리멍덩한 정신으로 쏘아서 적중할 수 없는 것은 당연한 이치다.

사다역피불가필중(射多力疲不可必中)

"활쏘기를 너무 많이 해서 힘이 피로하면 적중할 수 없다." 활쏘기를 오래 하다 보면 똑같은 높이로 쏘아도 점점 화살 거리가 줄어드는 것을 알 수 있다. 이것은 힘이 피로한 것을 입증하는 것이다. 우리 활 속담에 "석양에 주먹 올리기"라는 말이 있다. 이것 또한 같은 뜻으로 쓰인 속담이다.

견기지병불개불가필중(見己之病不改不可必中)

"자기 잘못을 알고도 고치지 아니하면 적중하지 못한다." 이것은 활쏘기에서 잘못을 알면 즉시 고치라는 뜻이다. 그러나 자기 잘못을 스스로 알기는 어렵다. 그러므로 스승이나 뜻을 같이하는 동료의 도움을 받아 자기 잘못을 충고받아야 하는데, 이것은 전적으로 평소에 성실하고 겸손해야 도움받을 수 있음을 알아야 한다.

호승지심심불가필중(好勝之心甚不可必中)

"이기고자 하는 마음이 심하면 적중할 수 없다." 활쏘기는 조용하고 한가한 마음으로 기를 고르게 하고 정신을 집중해서 끝까지 당기고 살피고 굳혀야 반드시 적중하는 것이다. 이기고자 하는 욕심이 마음을 움직이면 집중할 수 없어 적중하지 못한다.

겁유지심생불가필중(怯懦之心生不可必中)

"겁먹고 나약한 마음이 생기면 적중하지 못한다." 이것은 활을 쏠때 기가 죽으면 적중하지 못한다는 뜻이다. 사법에 이르기를 "마음을 가다듬고 기를 고르게 한 후에 활을 끝까지 당겨 버티고, 살피고, 굳히고, 바르고 또 바르게 해야 명중한다." 하였다. 여기에서 '굳힌다' 함은 발시하고자 할 때 줌손을 더욱 굳게 쥐는 굳힘과 온몸에 기력을 돋우어 사지에 뻗치는 굳힘이 있는데, 이것은 기가 살아야 가능한 것이다.

참고 문헌

『한국의 궁도』, 대한궁도협회, 1986

『한국의 활과 화살』, 육군박물관, 1994

『우리 활 이야기』, 정진명, 학민사, 1996

『평양 감영의 활쏘기 비법』, 푸른나라, 1999

『한국의 활쏘기』, 정진명, 학민사, 1999

『이야기 활 풍속사』, 정진명, 학민사, 2000

『황학정100년사』, 황학정, 2001

『국궁 교본』, 황학정, 2005

『과녁너머에 무엇이 있나?』, 이건호, 북인, 2007

『활쏘기의 나침반』, 정진명, 학민사, 2010

빛깔있는 책들 204-12
국궁

글 | 황시열
사진 | 김형탁 · 조성진

초판 1쇄 인쇄 | 2015년 1월 5일
초판 2쇄 발행 | 2018년 7월 25일

발행인 | 김남석
발행처 | ㈜대원사
주　소 | 06342 서울시 강남구 양재대로 55길 37, 302
전　화 | (02)757-6711, 6717~9
팩시밀리 | (02)775-8043
등록번호 | 제3-191호
홈페이지 | http://www.daewonsa.co.kr

값 9,800원

ⓒ 황시열, 2015

Daewonsa Publishing Co., Ltd
Printed in Korea 2015

ISBN | 978-89-369-0280-3
　　　　978-89-369-0000-7 (세트)

이 책의 국립중앙도서관 출판시 도서목록(CIP)은 e-CIP홈페이지(http://www.nl.go.kr/ecip)에서
이용하실 수 있습니다. (CIP제어번호 : 2014036955)

빛깔있는 책들

민속(분류번호:101)

고미술(분류번호:102)

불교 문화(분류번호:103)

음식 일반(분류번호:201)